Enid Artursdottir

Staatsangehörigkeits-Ausweis

AF532487

Enid Artursdottir

Staatsangehörigkeits-Ausweis

Antrag auf Staatsangehörigkeitsfeststellung

Trainerverlag

Imprint

Cover image: www.ingimage.com

Publisher:
Der Trainerverlag
is a trademark of
International Book Market Service Ltd., member of OmniScriptum Publishing Group
17 Meldrum Street, Beau Bassin 71504, Mauritius
Printed at: see last page
ISBN: 978-620-0-76820-9

Inhaltsverzeichnis:

I. ANTRAG F: Antrag auf Feststellung der deutschen Staatsangehörigkeit (Staatsangehörigkeitsausweis) – für Personen ab 16 Jahre –:

1. Angaben zu meiner Person (Antragsteller/in) (Ergänzen oder erläutern Sie gegebenenfalls unter „weitere Angaben" oder auf einem gesonderten Blatt.):

Familienname:

Geburtsname - wenn abweichend vom Familiennamen:

Vorname/n - Bitte alle Vornamen angeben. -:

Geburtsdatum:

Geschlecht:

Weiblich

Männlich

Geburtsort/-kreis:

Geburtsstaat:

Beruf:

Familienstand:

Ledig

Verheiratet

Verpartnert

Geschieden

Lebenspartnerschaft aufgehoben

Verwitwet seit:

1. Ehe/Lebenspartnerschaft:

Seit (Tag, Ort und Staat)

2. Ehe/Lebenspartnerschaft:

Seit (Tag, Ort und Staat)

Aktuelle Anschrift:

Wohnsitzstaat:

Telefonnummer - Bitte mit Auslandsvorwahl -:

Email:

2. <u>Angaben zu meinen bisherigen Staatsangehörigkeitsverfahren / Ausweisen / Pässen (Ergänzen oder erläutern Sie gegebenenfalls unter „weitere Angaben“ oder auf einem gesonderten Blatt.):</u>

Es wurde für mich bereits ein Staatsangehörigkeitsausweis / Heimatschein ausgestellt. - Bitte Kopie beifügen. -

Ausstellungsdatum:

Ausgestellt von Behörde:

Ich besitze/besaß einen deutschen Ausweis. - Bitte Kopie beifügen. -

Gültig von – bis:

Ausgestellt von Behörde:

Art des Dokumentes:

Personalausweis

Pass

Sonstiges

Personalausweis

Pass

Sonstiges

3. Angaben zum Erwerb meiner deutschen Staatsangehörigkeit (Ergänzen oder erläutern Sie gegebenenfalls unter „weitere Angaben“ oder auf einem gesonderten Blatt.):

Ich habe die deutsche Staatsangehörigkeit erworben durch:

Abstammung:

Von der Mutter

Vom Vater

Adoption:

Von der Mutter

Vom Vater

- **Bitte ANLAGE V (Vorfahren) ausfüllen. –**

Geburt in Deutschland als Kind ausländischer Eltern

Einbürgerung – Bitte Kopie beifügen. –

Erklärung – Bitte Kopie beifügen. –

Bescheinigung § 15 BVFG – Bitte Kopie beifügen. –

Sonstiges

4. Angaben zu meinen anderen Staatsangehörigkeit (Ergänzen oder erläutern Sie gegebenenfalls unter „weitere Angaben“ oder auf einem gesonderten Blatt.):

Ich besitze nur die deutsche Staatsangehörigkeit.

Ich besitze/besaß neben der deutschen Staatsangehörigkeit noch folgende weitere Staatsangehörigkeiten:

Staatsangehörigkeit:

Seit wann (bis zum):

Erworben durch:

5. Meine Aufenthaltszeit seit Geburt (Ergänzen oder erläutern Sie gegebenenfalls unter „weitere Angaben“ oder auf einem gesonderten Blatt.):

Von:

Bis:

Ort:

Staat:

6. Angaben zu meinen Militärzeiten (Ergänzen oder erläutern Sie gegebenenfalls unter „weitere Angaben“ oder auf einem gesonderten Blatt.):

Ich habe bisher keinen Militärdienst geleistet.

Ich habe Militärdienst geleistet

Als Wehrpflichtiger/Grundwehrdienst im Dienste von:

Staat

Von

Bis

Als freiwilliger Wehrpflichtiger/Berufssoldat im Dienste von:

Staat

Von

Bis

7. <u>Angaben zu Staatsangehörigkeitsverfahren von anderen Familienangehörigen:</u>

Für folgende Familienangehörige wurde bereits ein Staatsangehörigkeitsauswei ausgestellt. – Bitte Kopie beifügen. –

Name:

Vorname:

Ausgestellt von Behörde:

Ausstellungsdatum:

8. <u>Angaben zu meiner zuständigen deutschen Auslandsvertretung:</u>

Name und Ort der Auslandsvertretung:

Geschäftszeichen der Auslandsvertretung: – sofern bekannt –

9. <u>Vollmacht:</u>

Ich habe eine Vollmacht erteilt.

Sämtlicher Schriftwechsel soll über die bevollmächtigte Person geführt werden. **Bitte *ANLAGE VOLLMACHT* ausfüllen.**

Ich beantrage die Feststellung der deutschen Staatsangehörigkeit (Staatsangehörigkeisausweis) und versichere, dass meine Angaben richtig und vollständig sind.

Ich habe davon Kenntnis genommen, dass

- falsche oder unvollständige Angaben zur Rücknahme des Staatsangehörigkeitsausweises führen können.
- ich Änderung meiner persönlichen Verhältnisse (Name, Anschrift, Familienstand, etc.) und sonstiger Antragsangaben sofort mitteilen muss.
- für die Feststellung der deutschen Staatsangehörigkeit (mit Ausstellung eines Staatsangehörigkeitsausweises), ihrer Ablehnung oder bei Rücknahme des Antrages eine Verwaltungsgebühr zu zahlen ist.

Anlagen:

Anlage Vollmacht

Anlage V (Vorfahren)

Weitere Anlagen

Die weiteren Anlagen ggf. unter „weitere Angaben“ oder auf einem gesonderten Blatt aufführen.

Ort, Datum Unterschrift der Antragstellerin/des Antragstellers

- **weitere Angaben –**

zu Nummer:

Ort, Datum Unterschrift der Antragstellerin/des Antragstellers

Stellungnahme der Auslandsvertretung

Alle in Kopie beigefügten Unterlagen haben der Auslandsvertretung vorgelegen:

Im Original

In beglaubigter Kopie

Als einfache Kopie

Die Echtheit der Personenstandsurkunden wird belegt/bestätigt:

Durch Haager Apostille

Durch Legalisation

Da von Echtheitsbestätigung befrei (CIEC-Abkommen Nr. 16. V. 08.09.1978 oder bilaterale Abkommen).

Die Echtheit der Personenstandsurkunden kann nicht belegt/bestätigt werden, da:

Die Haager Apostille fehlt.

Die Legalisationsvoraussetzungen im Land grundsätzlich nicht vorliegen.

Zweifel an der Echtheit/inhaltlichen Richtigkeit bestehen (ggf. ergänzen).

Anmerkungen:

Ort, Datum Unterschrift und Stempel

II. ANLAGE V1: Anlage Vorfahren zum Antrag auf Feststellung der deutschen Staatsangehörigkeit:

Von

(Name

Vorname

Und Geburtsdatum des Antragstellers)

1. Angaben zum Vorfahren:

Verwandtschaftsverhältnis:

- Bitte kreuzen Sie an –

Urgroßmutter

Urgroßvater

Großmutter

Großvater

Mutter

Vater

Ich [Antragsteller]

Familienname:

Geburtsname - wenn abweichend vom Familiennamen:

Vorname/n - Bitte alle Vornamen angeben. -:

Geburtsdatum:

Geburtsort/-kreis:

Geburtsstaat:

Beruf:

Familienstand:

Ledig

Verheiratet

Verpartnert

Geschieden

Lebenspartnerschaft aufgehoben

Verwitwet seit:

1. Ehe/Lebenspartnerschaft:

Seit (Tag, Ort und Staat)

2. Ehe/Lebenspartnerschaft:

Seit (Tag, Ort und Staat)

2. <u>Angaben zu den bisherigen Staatsangehörigkeitsverfahren / Ausweisen / Pässen des Vorfahren (Nr. 1) (Ergänzen oder erläutern Sie gegebenenfalls unter „weitere Angaben“ oder auf einem gesonderten Blatt.):</u>

Es wurde für den Vorfahren bereits ein Staatsangehörigkeitsausweis / Heimatschein ausgestellt. - Bitte Kopie beifügen. -

Ausstellungsdatum:

Ausgestellt von Behörde:

Der Vorfahre besitzt/besaß einen deutschen Ausweis. - Bitte Kopie beifügen. -

Gültig von – bis:

Ausgestellt von Behörde:

Art des Dokumentes:

Personalausweis

Pass

Sonstiges

Personalausweis

Pass

Sonstiges

3. Angaben zum Erwerb der deutschen Staatsangehörigkeit des Vorfahren (Nr. 1) (Ergänzen oder erläutern Sie gegebenenfalls unter „weitere Angaben" oder auf einem gesonderten Blatt.):

Der Vorfahre hat die deutsche Staatsangehörigkeit erworben durch:

Abstammung:

Von der Mutter

Vom Vater

Adoption:

Von der Mutter

Vom Vater

- **Bitte ANLAGE V (Vorfahren) ausfüllen. –**

Geburt in Deutschland als Kind ausländischer Eltern

Einbürgerung – Bitte Kopie beifügen. –

Erklärung – Bitte Kopie beifügen. –

Bescheinigung § 15 BVFG – Bitte Kopie beifügen. –

Sonstiges

4. <u>Angaben zu anderen Staatsangehörigkeit des Vorfahren (Nr. 1) (Ergänzen oder erläutern Sie gegebenenfalls unter „weitere Angaben" oder auf einem gesonderten Blatt.):</u>

Der Vorfahre besitzt/besaß nur die deutsche Staatsangehörigkeit.

Der Vorfahre besitzt/besaß neben der deutschen Staatsangehörigkeit noch folgende weitere Staatsangehörigkeiten:

Staatsangehörigkeit:

Seit wann (bis zum):

Erworben durch:

5. <u>Aufenthaltszeiten des Vorfahrens (Nr. 1) seit Geburt (Ergänzen oder erläutern Sie gegebenenfalls unter „weitere Angaben" oder auf einem gesonderten Blatt.):</u>

Von:

Bis:

Ort:

Staat:

6. <u>Angaben zu den Militärzeiten des Vorfahren (Nr. 1) (Ergänzen oder erläutern Sie gegebenenfalls unter „weitere Angaben“ oder auf einem gesonderten Blatt.):</u>

Der Vorfahre hat bisher keinen Militärdienst geleistet.

Der Vorfahre hat in der deutschen Armee gedient:

Von

Bis

Der Vorfahre hat Militärdienst geleistet:

Als Wehrpflichtiger/Grundwehrdienst im Dienste von:

Staat

Von

Bis

Als freiwilliger Wehrpflichtiger/Berufssoldat im Dienste von:

Staat

Von

Bis

III. ANLAGE V2: Anlage Vorfahren zum Antrag auf Feststellung der deutschen Staatsangehörigkeit:

Von

(Name

Vorname

Und Geburtsdatum des Antragstellers)

1. Angaben zum Vorfahren:

Verwandtschaftsverhältnis:

- Bitte kreuzen Sie an –

Urgroßmutter

Urgroßvater

Großmutter

Großvater

Mutter

Vater

Ich [Antragsteller]

Familienname:

Geburtsname - wenn abweichend vom Familiennamen:

Vorname/n - Bitte alle Vornamen angeben. -:

Geburtsdatum:

Geburtsort/-kreis:

Geburtsstaat:

Beruf:

Familienstand:

Ledig

Verheiratet

Verpartnert

Geschieden

Lebenspartnerschaft aufgehoben

Verwitwet seit:

1. Ehe/Lebenspartnerschaft:

Seit (Tag, Ort und Staat)

2. Ehe/Lebenspartnerschaft:

Seit (Tag, Ort und Staat)

2. <u>Angaben zu den bisherigen Staatsangehörigkeitsverfahren / Ausweisen / Pässen des Vorfahren (Nr. 2) (Ergänzen oder erläutern Sie gegebenenfalls unter „weitere Angaben" oder auf einem gesonderten Blatt.):</u>

Es wurde für den Vorfahren bereits ein Staatsangehörigkeitsausweis / Heimatschein ausgestellt. - Bitte Kopie beifügen. -

Ausstellungsdatum:

Ausgestellt von Behörde:

Der Vorfahre besitzt/besaß einen deutschen Ausweis. - Bitte Kopie beifügen. -

Gültig von – bis:

Ausgestellt von Behörde:

Art des Dokumentes:

Personalausweis

Pass

Sonstiges

Personalausweis

Pass

Sonstiges

3. <u>Angaben zum Erwerb der deutschen Staatsangehörigkeit des Vorfahren (Nr. 2) (Ergänzen oder erläutern Sie gegebenenfalls unter „weitere Angaben“ oder auf einem gesonderten Blatt.):</u>

Der Vorfahre hat die deutsche Staatsangehörigkeit erworben durch:

Abstammung:

Von der Mutter

Vom Vater

Adoption:

Von der Mutter

Vom Vater

- **Bitte ANLAGE V (Vorfahren) ausfüllen. –**

Geburt in Deutschland als Kind ausländischer Eltern

Einbürgerung – Bitte Kopie beifügen. –

Erklärung – Bitte Kopie beifügen. –

Bescheinigung § 15 BVFG – Bitte Kopie beifügen. –

Sonstiges

4. Angaben zu anderen Staatsangehörigkeit des Vorfahren (Nr. 2) (Ergänzen oder erläutern Sie gegebenenfalls unter „weitere Angaben“ oder auf einem gesonderten Blatt.):

Der Vorfahre besitzt/besaß nur die deutsche Staatsangehörigkeit.

Der Vorfahre besitzt/besaß neben der deutschen Staatsangehörigkeit noch folgende weitere Staatsangehörigkeiten:

Staatsangehörigkeit:

Seit wann (bis zum):

Erworben durch:

5. Aufenthaltszeiten des Vorfahrens (Nr. 2) seit Geburt (Ergänzen oder erläutern Sie gegebenenfalls unter „weitere Angaben“ oder auf einem gesonderten Blatt.):

Von:

Bis:

Ort:

Staat:

6. <u>Angaben zu den Militärzeiten des Vorfahren (Nr. 2) (Ergänzen oder erläutern Sie gegebenenfalls unter „weitere Angaben“ oder auf einem gesonderten Blatt.):</u>

Der Vorfahre hat bisher keinen Militärdienst geleistet.

Der Vorfahre hat in der deutschen Armee gedient:

Von

Bis

Der Vorfahre hat Militärdienst geleistet:

Als Wehrpflichtiger/Grundwehrdienst im Dienste von:

Staat

Von

Bis

Als freiwilliger Wehrpflichtiger/Berufssoldat im Dienste von:

Staat

Von

Bis

IV. ANLAGE V3: Anlage Vorfahren zum Antrag auf Feststellung der deutschen Staatsangehörigkeit:

Von

(Name

Vorname

Und Geburtsdatum des Antragstellers)

1. Angaben zum Vorfahren:

Verwandtschaftsverhältnis:

- Bitte kreuzen Sie an –

Urgroßmutter

Urgroßvater

Großmutter

Großvater

Mutter

Vater

Ich [Antragsteller]

Familienname:

Geburtsname - wenn abweichend vom Familiennamen:

Vorname/n - Bitte alle Vornamen angeben. -:

Geburtsdatum:

Geburtsort/-kreis:

Geburtsstaat:

Beruf:

Familienstand:

Ledig

Verheiratet

Verpartnert

Geschieden

Lebenspartnerschaft aufgehoben

Verwitwet seit:

1. Ehe/Lebenspartnerschaft:

Seit (Tag, Ort und Staat)

2. Ehe/Lebenspartnerschaft:

Seit (Tag, Ort und Staat)

2. Angaben zu den bisherigen Staatsangehörigkeitsverfahren / Ausweisen / Pässen des Vorfahren (Nr. 3) (Ergänzen oder erläutern Sie gegebenenfalls unter „weitere Angaben“ oder auf einem gesonderten Blatt.):

Es wurde für den Vorfahren bereits ein Staatsangehörigkeitsausweis / Heimatschein ausgestellt. - Bitte Kopie beifügen. -

Ausstellungsdatum:

Ausgestellt von Behörde:

Der Vorfahre besitzt/besaß einen deutschen Ausweis. - Bitte Kopie beifügen. -

Gültig von – bis:

Ausgestellt von Behörde:

Art des Dokumentes:

Personalausweis

Pass

Sonstiges

Personalausweis

Pass

Sonstiges

3. <u>Angaben zum Erwerb der deutschen Staatsangehörigkeit des Vorfahren (Nr. 3) (Ergänzen oder erläutern Sie gegebenenfalls unter „weitere Angaben“ oder auf einem gesonderten Blatt.):</u>

Der Vorfahre hat die deutsche Staatsangehörigkeit erworben durch:

Abstammung:

Von der Mutter

Vom Vater

Adoption:

Von der Mutter

Vom Vater

- **Bitte ANLAGE V (Vorfahren) ausfüllen. –**

Geburt in Deutschland als Kind ausländischer Eltern

Einbürgerung – Bitte Kopie beifügen. –

Erklärung – Bitte Kopie beifügen. –

Bescheinigung § 15 BVFG – Bitte Kopie beifügen. –

Sonstiges

4. <u>Angaben zu anderen Staatsangehörigkeit des Vorfahren (Nr. 3) (Ergänzen oder erläutern Sie gegebenenfalls unter „weitere Angaben“ oder auf einem gesonderten Blatt.):</u>

Der Vorfahre besitzt/besaß nur die deutsche Staatsangehörigkeit.

Der Vorfahre besitzt/besaß neben der deutschen Staatsangehörigkeit noch folgende weitere Staatsangehörigkeiten:

Staatsangehörigkeit:

Seit wann (bis zum):

Erworben durch:

5. <u>Aufenthaltszeiten des Vorfahrens (Nr. 3) seit Geburt (Ergänzen oder erläutern Sie gegebenenfalls unter „weitere Angaben“ oder auf einem gesonderten Blatt.):</u>

Von:

Bis:

Ort:

Staat:

6. <u>Angaben zu den Militärzeiten des Vorfahren (Nr. 3) (Ergänzen oder erläutern Sie gegebenenfalls unter „weitere Angaben“ oder auf einem gesonderten Blatt.):</u>

Der Vorfahre hat bisher keinen Militärdienst geleistet.

Der Vorfahre hat in der deutschen Armee gedient:

Von

Bis

Der Vorfahre hat Militärdienst geleistet:

Als Wehrpflichtiger/Grundwehrdienst im Dienste von:

Staat

Von

Bis

Als freiwilliger Wehrpflichtiger/Berufssoldat im Dienste von:

Staat

Von

Bis

V. ANTRAG FK1: Antrag auf Feststellung der deutschen Staatsangehörigkeit (Staatsangehörigkeitsausweis) – für Kinder bis 16 Jahre –:

1. Angaben zum Kind (Nr. 1) (Antragsteller/in) (Ergänzen oder erläutern Sie gegebenenfalls unter „weitere Angaben" oder auf einem gesonderten Blatt.):

Familienname:

Geburtsname - wenn abweichend vom Familiennamen:

Vorname/n - Bitte alle Vornamen angeben. -:

Geburtsdatum:

Geschlecht:

Weiblich

Männlich

Geburtsort/-kreis:

Geburtsstaat:

Aktuelle Anschrift:

Wohnsitzstaat:

1. Sorgeberechtigter (z. B. Mutter):

Name

Vorname/n

Aktuelle Anschrift: - falls abweichend von Antragsteller/in -

Telefonnummer: - bitte mit Auslandsvorwahl -

Email:

Das Sorgerecht ergibt sich aus:

2. Sorgeberechtigter (z. B. Vater):

Name

Vorname/n

Aktuelle Anschrift: - falls abweichend von Antragsteller/in -

Telefonnummer: - bitte mit Auslandsvorwahl -

Email:

Das Sorgerecht ergibt sich aus:

2. Angaben zu den bisherigen Staatsangehörigkeitsverfahren / Ausweisen / Pässen des Kindes (Nr. 1) (Ergänzen oder erläutern Sie gegebenenfalls unter „weitere Angaben“ oder auf einem gesonderten Blatt.):

Es wurde für das Kind bereits ein Staatsangehörigkeitsausweis / Heimatschein ausgestellt. - Bitte Kopie beifügen. -

Ausstellungsdatum:

Ausgestellt von Behörde:

Das Kind besitzt/besaß einen deutschen Ausweis. - Bitte Kopie beifügen. -

Gültig von – bis:

Ausgestellt von Behörde:

Art des Dokumentes:

Personalausweis

Pass

Sonstiges

Personalausweis

Pass

Sonstiges

3. <u>Angaben zum Erwerb der deutschen Staatsangehörigkeit des Kindes (Nr. 1) (Ergänzen oder erläutern Sie gegebenenfalls unter „weitere Angaben“ oder auf einem gesonderten Blatt.):</u>

Das Kind hat die deutsche Staatsangehörigkeit erworben durch:

Abstammung:

Von der Mutter

Vom Vater

Adoption:

Von der Mutter

Vom Vater

- **Bitte ANLAGE V (Vorfahren) ausfüllen. –**

Geburt in Deutschland als Kind ausländischer Eltern

Einbürgerung – Bitte Kopie beifügen. –

Erklärung – Bitte Kopie beifügen. –

Bescheinigung § 15 BVFG – Bitte Kopie beifügen. –

Sonstiges

4. <u>Angaben zu den anderen Staatsangehörigkeiten des Kindes (Nr. 1) (Ergänzen oder erläutern Sie gegebenenfalls unter „weitere Angaben“ oder auf einem gesonderten Blatt.):</u>

Das Kind besitzt nur die deutsche Staatsangehörigkeit.

Das Kind besitzt/besaß neben der deutschen Staatsangehörigkeit noch folgende weitere Staatsangehörigkeiten:

Staatsangehörigkeit:

Seit wann (bis zum):

Erworben durch:

5. Die Aufenthaltszeiten des Kindes (Nr. 1) seit Geburt (Ergänzen oder erläutern Sie gegebenenfalls unter „weitere Angaben" oder auf einem gesonderten Blatt.):

Von:

Bis:

Ort:

Staat:

6. Angaben zu den Militärzeiten des Kindes (Nr. 1):

- nicht erforderlich -

7. Angaben zu Staatsangehörigkeitsverfahren von anderen Familienangehörigen des Kindes (Nr. 1):

Für folgende Familienangehörige wurde bereits ein Staatsangehörigkeitsauswei ausgestellt. – Bitte Kopie beifügen. –

Name:

Vorname:

Ausgestellt von Behörde:

Ausstellungsdatum:

8. Angaben zur zuständigen deutschen Auslandsvertretung des Kindes (Nr. 1):

Name und Ort der Auslandsvertretung:

Geschäftszeichen der Auslandsvertretung: – sofern bekannt –

9. Vollmacht:

Es wurde eine Vollmacht erteilt. Sämtlicher Schriftwechsel soll über die bevollmächtigte Person geführt werden. **Bitte *ANLAGE VOLLMACHT* ausfüllen.**

Es wurde keine Vollmacht erteilt. Der Schriftwechsel soll geführt werden über

den 1. Sorgeberechtigten

oder

den 2. Sorgeberechtigten.

Ich beantrage die Feststellung der deutschen Staatsangehörigkeit (Staatsangehörigkeisausweis) und versichere, dass meine Angaben richtig und vollständig sind.

Ich habe davon Kenntnis genommen, dass

- falsche oder unvollständige Angaben zur Rücknahme des Staatsangehörigkeitsausweises führen können.
- ich Änderung meiner persönlichen Verhältnisse (Name, Anschrift, Familienstand, etc.) und sonstiger Antragsangaben sofort mitteilen muss.
- für die Feststellung der deutschen Staatsangehörigkeit (mit Ausstellung eines Staatsangehörigkeitsausweises), ihrer Ablehnung oder bei Rücknahme des Antrages eine Verwaltungsgebühr zu zahlen ist.

Anlagen:

Anlage Vollmacht

Anlage V (Vorfahren)

Weitere Anlagen

Die weiteren Anlagen ggf. unter „weitere Angaben“ oder auf einem gesonderten Blatt aufführen.

Ort, Datum Unterschrift in Vertretung 1. Sorgeberechtigter

Ort, Datum Unterschrift in Vertretung 2. Sorgeberechtigter

- **weitere Angaben –**

zu Nummer:

Ort, Datum Unterschrift in Vertretung 1. Sorgeberechtigter

Ort, Datum Unterschrift in Vertretung 2. Sorgeberechtigter

Stellungnahme der Auslandsvertretung

Alle in Kopie beigefügten Unterlagen haben der Auslandsvertretung vorgelegen:

Im Original

In beglaubigter Kopie

Als einfache Kopie

Die Echtheit der Personenstandsurkunden wird belegt/bestätigt:

Durch Haager Apostille

Durch Legalisation

Da von Echtheitsbestätigung befrei (CIEC-Abkommen Nr. 16. V. 08.09.1978 oder bilaterale Abkommen).

Die Echtheit der Personenstandsurkunden kann nicht belegt/bestätigt werden, da:

Die Haager Apostille fehlt.

Die Legalisationsvoraussetzungen im Land grundsätzlich nicht vorliegen.

Zweifel an der Echtheit/inhaltlichen Richtigkeit bestehen (ggf. ergänzen).

Anmerkungen:

Ort, Datum Unterschrift und Stempel

VI. ANTRAG FK2: Antrag auf Feststellung der deutschen Staatsangehörigkeit (Staatsangehörigkeitsausweis) – für Kinder bis 16 Jahre –:

1. Angaben zum Kind (Nr. 2) (Antragsteller/in) (Ergänzen oder erläutern Sie gegebenenfalls unter „weitere Angaben“ oder auf einem gesonderten Blatt.):

Familienname:

Geburtsname - wenn abweichend vom Familiennamen:

Vorname/n - Bitte alle Vornamen angeben. -:

Geburtsdatum:

Geschlecht:

Weiblich

Männlich

Geburtsort/-kreis:

Geburtsstaat:

Aktuelle Anschrift:

Wohnsitzstaat:

1. Sorgeberechtigter (z. B. Mutter):

Name

Vorname/n

Aktuelle Anschrift: - falls abweichend von Antragsteller/in -

Telefonnummer: - bitte mit Auslandsvorwahl -

Email:

Das Sorgerecht ergibt sich aus:

2. Sorgeberechtigter (z. B. Vater):

Name

Vorname/n

Aktuelle Anschrift: - falls abweichend von Antragsteller/in -

Telefonnummer: - bitte mit Auslandsvorwahl -

Email:

Das Sorgerecht ergibt sich aus:

2. <u>Angaben zu den bisherigen Staatsangehörigkeitsverfahren / Ausweisen / Pässen des Kindes (Nr. 2) (Ergänzen oder erläutern Sie gegebenenfalls unter „weitere Angaben“ oder auf einem gesonderten Blatt.):</u>

Es wurde für das Kind bereits ein Staatsangehörigkeitsausweis / Heimatschein ausgestellt. - Bitte Kopie beifügen. -

Ausstellungsdatum:

Ausgestellt von Behörde:

Das Kind besitzt/besaß einen deutschen Ausweis. - Bitte Kopie beifügen. -

Gültig von – bis:

Ausgestellt von Behörde:

Art des Dokumentes:

Personalausweis

Pass

Sonstiges

Personalausweis

Pass

Sonstiges

3. Angaben zum Erwerb der deutschen Staatsangehörigkeit des Kindes (Nr. 2) (Ergänzen oder erläutern Sie gegebenenfalls unter „weitere Angaben" oder auf einem gesonderten Blatt.):

Das Kind hat die deutsche Staatsangehörigkeit erworben durch:

Abstammung:

Von der Mutter

Vom Vater

Adoption:

Von der Mutter

Vom Vater

- **Bitte ANLAGE V (Vorfahren) ausfüllen. –**

Geburt in Deutschland als Kind ausländischer Eltern

Einbürgerung – Bitte Kopie beifügen. –

Erklärung – Bitte Kopie beifügen. –

Bescheinigung § 15 BVFG – Bitte Kopie beifügen. –

Sonstiges

4. <u>Angaben zu den anderen Staatsangehörigkeiten des Kindes (Nr. 2) (Ergänzen oder erläutern Sie gegebenenfalls unter „weitere Angaben“ oder auf einem gesonderten Blatt.):</u>

Das Kind besitzt nur die deutsche Staatsangehörigkeit.

Das Kind besitzt/besaß neben der deutschen Staatsangehörigkeit noch folgende weitere Staatsangehörigkeiten:

Staatsangehörigkeit:

Seit wann (bis zum):

Erworben durch:

5. <u>Die Aufenthaltszeiten des Kindes (Nr. 2) seit Geburt (Ergänzen oder erläutern Sie gegebenenfalls unter „weitere Angaben“ oder auf einem gesonderten Blatt.):</u>

Von:

Bis:

Ort:

Staat:

6. <u>Angaben zu den Militärzeiten des Kindes (Nr. 2):</u>

   - nicht erforderlich -

7. Angaben zu Staatsangehörigkeitsverfahren von anderen Familienangehörigen des Kindes (Nr. 2):

Für folgende Familienangehörige wurde bereits ein Staatsangehörigkeitsauswei ausgestellt. – Bitte Kopie beifügen. –

Name:

Vorname:

Ausgestellt von Behörde:

Ausstellungsdatum:

8. Angaben zur zuständigen deutschen Auslandsvertretung des Kindes (Nr. 2):

Name und Ort der Auslandsvertretung:

Geschäftszeichen der Auslandsvertretung: – sofern bekannt –

9. Vollmacht:

Es wurde eine Vollmacht erteilt. Sämtlicher Schriftwechsel soll über die bevollmächtigte Person geführt werden. **Bitte *ANLAGE VOLLMACHT* ausfüllen.**

Es wurde keine Vollmacht erteilt. Der Schriftwechsel soll geführt werden über

den 1. Sorgeberechtigten

oder

den 2. Sorgeberechtigten.

Ich beantrage die Feststellung der deutschen Staatsangehörigkeit (Staatsangehörigkeisausweis) und versichere, dass meine Angaben richtig und vollständig sind.

Ich habe davon Kenntnis genommen, dass

- falsche oder unvollständige Angaben zur Rücknahme des Staatsangehörigkeitsausweises führen können.
- ich Änderung meiner persönlichen Verhältnisse (Name, Anschrift, Familienstand, etc.) und sonstiger Antragsangaben sofort mitteilen muss.
- für die Feststellung der deutschen Staatsangehörigkeit (mit Ausstellung eines Staatsangehörigkeitsausweises), ihrer Ablehnung oder bei Rücknahme des Antrages eine Verwaltungsgebühr zu zahlen ist.

Anlagen:

Anlage Vollmacht

Anlage V (Vorfahren)

Weitere Anlagen

Die weiteren Anlagen ggf. unter „weitere Angaben“ oder auf einem gesonderten Blatt aufführen.

Ort, Datum Unterschrift in Vertretung 1. Sorgeberechtigter

Ort, Datum Unterschrift in Vertretung 2. Sorgeberechtigter

- **weitere Angaben –**

zu Nummer:

Ort, Datum Unterschrift in Vertretung 1. Sorgeberechtigter

Ort, Datum Unterschrift in Vertretung 2. Sorgeberechtigter

Stellungnahme der Auslandsvertretung

Alle in Kopie beigefügten Unterlagen haben der Auslandsvertretung vorgelegen:

Im Original

In beglaubigter Kopie

Als einfache Kopie

Die Echtheit der Personenstandsurkunden wird belegt/bestätigt:

Durch Haager Apostille

Durch Legalisation

Da von Echtheitsbestätigung befrei (CIEC-Abkommen Nr. 16. V. 08.09.1978 oder bilaterale Abkommen).

Die Echtheit der Personenstandsurkunden kann nicht belegt/bestätigt werden, da:

Die Haager Apostille fehlt.

Die Legalisationsvoraussetzungen im Land grundsätzlich nicht vorliegen.

Zweifel an der Echtheit/inhaltlichen Richtigkeit bestehen (ggf. ergänzen).

Anmerkungen:

Ort, Datum Unterschrift und Stempel

VII. ANTRAG FK3: Antrag auf Feststellung der deutschen Staatsangehörigkeit (Staatsangehörigkeitsausweis) – für Kinder bis 16 Jahre –:

1. Angaben zum Kind (Nr. 3) (Antragsteller/in) (Ergänzen oder erläutern Sie gegebenenfalls unter „weitere Angaben" oder auf einem gesonderten Blatt.):

Familienname:

Geburtsname - wenn abweichend vom Familiennamen:

Vorname/n - Bitte alle Vornamen angeben. -:

Geburtsdatum:

Geschlecht:

Weiblich

Männlich

Geburtsort/-kreis:

Geburtsstaat:

Aktuelle Anschrift:

Wohnsitzstaat:

1. Sorgeberechtigter (z. B. Mutter):

Name

Vorname/n

Aktuelle Anschrift: - falls abweichend von Antragsteller/in -

Telefonnummer: - bitte mit Auslandsvorwahl -

Email:

Das Sorgerecht ergibt sich aus:

2. Sorgeberechtigter (z. B. Vater):

Name

Vorname/n

Aktuelle Anschrift: - falls abweichend von Antragsteller/in -

Telefonnummer: - bitte mit Auslandsvorwahl -

Email:

Das Sorgerecht ergibt sich aus:

2. Angaben zu den bisherigen Staatsangehörigkeitsverfahren / Ausweisen / Pässen des Kindes (Nr. 3) (Ergänzen oder erläutern Sie gegebenenfalls unter „weitere Angaben“ oder auf einem gesonderten Blatt.):

Es wurde für das Kind bereits ein Staatsangehörigkeitsausweis / Heimatschein ausgestellt. - Bitte Kopie beifügen. -

Ausstellungsdatum:

Ausgestellt von Behörde:

Das Kind besitzt/besaß einen deutschen Ausweis. - Bitte Kopie beifügen. -

Gültig von – bis:

Ausgestellt von Behörde:

Art des Dokumentes:

Personalausweis

Pass

Sonstiges

Personalausweis

Pass

Sonstiges

3. Angaben zum Erwerb der deutschen Staatsangehörigkeit des Kindes (Nr. 3) (Ergänzen oder erläutern Sie gegebenenfalls unter „weitere Angaben“ oder auf einem gesonderten Blatt.):

Das Kind hat die deutsche Staatsangehörigkeit erworben durch:

Abstammung:

Von der Mutter

Vom Vater

Adoption:

Von der Mutter

Vom Vater

- **Bitte ANLAGE V (Vorfahren) ausfüllen. –**

Geburt in Deutschland als Kind ausländischer Eltern

Einbürgerung – Bitte Kopie beifügen. –

Erklärung – Bitte Kopie beifügen. –

Bescheinigung § 15 BVFG – Bitte Kopie beifügen. –

Sonstiges

4. <u>Angaben zu den anderen Staatsangehörigkeiten des Kindes (Nr. 3) (Ergänzen oder erläutern Sie gegebenenfalls unter „weitere Angaben“ oder auf einem gesonderten Blatt.):</u>

Das Kind besitzt nur die deutsche Staatsangehörigkeit.

Das Kind besitzt/besaß neben der deutschen Staatsangehörigkeit noch folgende weitere Staatsangehörigkeiten:

Staatsangehörigkeit:

Seit wann (bis zum):

Erworben durch:

5. Die Aufenthaltszeiten des Kindes (Nr. 3) seit Geburt (Ergänzen oder erläutern Sie gegebenenfalls unter „weitere Angaben“ oder auf einem gesonderten Blatt.):

Von:

Bis:

Ort:

Staat:

6. Angaben zu den Militärzeiten des Kindes (Nr. 1):

- nicht erforderlich -

7. Angaben zu Staatsangehörigkeitsverfahren von anderen Familienangehörigen des Kindes (Nr. 3):

Für folgende Familienangehörige wurde bereits ein Staatsangehörigkeitsauswei ausgestellt. – Bitte Kopie beifügen. –

Name:

Vorname:

Ausgestellt von Behörde:

Ausstellungsdatum:

8. Angaben zur zuständigen deutschen Auslandsvertretung des Kindes (Nr. 3):

Name und Ort der Auslandsvertretung:

Geschäftszeichen der Auslandsvertretung: – sofern bekannt –

9. Vollmacht:

Es wurde eine Vollmacht erteilt. Sämtlicher Schriftwechsel soll über die bevollmächtigte Person geführt werden. **Bitte *ANLAGE VOLLMACHT* ausfüllen.**

Es wurde keine Vollmacht erteilt. Der Schriftwechsel soll geführt werden über

den 1. Sorgeberechtigten

oder

den 2. Sorgeberechtigten.

Ich beantrage die Feststellung der deutschen Staatsangehörigkeit (Staatsangehörigkeisausweis) und versichere, dass meine Angaben richtig und vollständig sind.

Ich habe davon Kenntnis genommen, dass

- falsche oder unvollständige Angaben zur Rücknahme des Staatsangehörigkeitsausweises führen können.
- ich Änderung meiner persönlichen Verhältnisse (Name, Anschrift, Familienstand, etc.) und sonstiger Antragsangaben sofort mitteilen muss.
- für die Feststellung der deutschen Staatsangehörigkeit (mit Ausstellung eines Staatsangehörigkeitsausweises), ihrer Ablehnung oder bei Rücknahme des Antrages eine Verwaltungsgebühr zu zahlen ist.

Anlagen:

Anlage Vollmacht

Anlage V (Vorfahren)

Weitere Anlagen

Die weiteren Anlagen ggf. unter „weitere Angaben“ oder auf einem gesonderten Blatt aufführen.

Ort, Datum Unterschrift in Vertretung 1. Sorgeberechtigter

Ort, Datum Unterschrift in Vertretung 2. Sorgeberechtigter

- **weitere Angaben –**

zu Nummer:

Ort, Datum Unterschrift in Vertretung 1. Sorgeberechtigter

Ort, Datum Unterschrift in Vertretung 2. Sorgeberechtigter

Stellungnahme der Auslandsvertretung

Alle in Kopie beigefügten Unterlagen haben der Auslandsvertretung vorgelegen:

Im Original

In beglaubigter Kopie

Als einfache Kopie

Die Echtheit der Personenstandsurkunden wird belegt/bestätigt:

Durch Haager Apostille

Durch Legalisation

Da von Echtheitsbestätigung befrei (CIEC-Abkommen Nr. 16. V. 08.09.1978 oder bilaterale Abkommen).

Die Echtheit der Personenstandsurkunden kann nicht belegt/bestätigt werden, da:

Die Haager Apostille fehlt.

Die Legalisationsvoraussetzungen im Land grundsätzlich nicht vorliegen.

Zweifel an der Echtheit/inhaltlichen Richtigkeit bestehen (ggf. ergänzen).

Anmerkungen:

Ort, Datum Unterschrift und Stempel

VIII. ANTRAG FK4: Antrag auf Feststellung der deutschen Staatsangehörigkeit (Staatsangehörigkeitsausweis) – für Kinder bis 16 Jahre –:

1. Angaben zum Kind (Nr. 4) (Antragsteller/in) (Ergänzen oder erläutern Sie gegebenenfalls unter „weitere Angaben“ oder auf einem gesonderten Blatt.):

Familienname:

Geburtsname - wenn abweichend vom Familiennamen:

Vorname/n - Bitte alle Vornamen angeben. -:

Geburtsdatum:

Geschlecht:

Weiblich

Männlich

Geburtsort/-kreis:

Geburtsstaat:

Aktuelle Anschrift:

Wohnsitzstaat:

1. Sorgeberechtigter (z. B. Mutter):

Name

Vorname/n

Aktuelle Anschrift: - falls abweichend von Antragsteller/in -

Telefonnummer: - bitte mit Auslandsvorwahl -

Email:

Das Sorgerecht ergibt sich aus:

2. Sorgeberechtigter (z. B. Vater):

Name

Vorname/n

Aktuelle Anschrift: - falls abweichend von Antragsteller/in -

Telefonnummer: - bitte mit Auslandsvorwahl -

Email:

Das Sorgerecht ergibt sich aus:

2. <u>Angaben zu den bisherigen Staatsangehörigkeitsverfahren / Ausweisen / Pässen des Kindes (Nr. 4) (Ergänzen oder erläutern Sie gegebenenfalls unter „weitere Angaben“ oder auf einem gesonderten Blatt.):</u>

Es wurde für das Kind bereits ein Staatsangehörigkeitsausweis / Heimatschein ausgestellt. - Bitte Kopie beifügen. -

Ausstellungsdatum:

Ausgestellt von Behörde:

Das Kind besitzt/besaß einen deutschen Ausweis. - Bitte Kopie beifügen. -

Gültig von – bis:

Ausgestellt von Behörde:

Art des Dokumentes:

Personalausweis

Pass

Sonstiges

Personalausweis

Pass

Sonstiges

3. Angaben zum Erwerb der deutschen Staatsangehörigkeit des Kindes (Nr. 4) (Ergänzen oder erläutern Sie gegebenenfalls unter „weitere Angaben“ oder auf einem gesonderten Blatt.):

Das Kind hat die deutsche Staatsangehörigkeit erworben durch:

Abstammung:

Von der Mutter

Vom Vater

Adoption:

Von der Mutter

Vom Vater

- **Bitte ANLAGE V (Vorfahren) ausfüllen. –**

Geburt in Deutschland als Kind ausländischer Eltern

Einbürgerung – Bitte Kopie beifügen. –

Erklärung – Bitte Kopie beifügen. –

Bescheinigung § 15 BVFG – Bitte Kopie beifügen. –

Sonstiges

4. <u>Angaben zu den anderen Staatsangehörigkeiten des Kindes (Nr. 4) (Ergänzen oder erläutern Sie gegebenenfalls unter „weitere Angaben“ oder auf einem gesonderten Blatt.):</u>

Das Kind besitzt nur die deutsche Staatsangehörigkeit.

Das Kind besitzt/besaß neben der deutschen Staatsangehörigkeit noch folgende weitere Staatsangehörigkeiten:

Staatsangehörigkeit:

Seit wann (bis zum):

Erworben durch:

5. <u>Die Aufenthaltszeiten des Kindes (Nr. 4) seit Geburt (Ergänzen oder erläutern Sie gegebenenfalls unter „weitere Angaben" oder auf einem gesonderten Blatt.):</u>

Von:

Bis:

Ort:

Staat:

6. <u>Angaben zu den Militärzeiten des Kindes (Nr. 4):</u>

- nicht erforderlich -

7. <u>Angaben zu Staatsangehörigkeitsverfahren von anderen Familienangehörigen des Kindes (Nr. 4):</u>

Für folgende Familienangehörige wurde bereits ein Staatsangehörigkeitsauswei ausgestellt. – Bitte Kopie beifügen. –

Name:

Vorname:

Ausgestellt von Behörde:

Ausstellungsdatum:

8. <u>Angaben zur zuständigen deutschen Auslandsvertretung des Kindes (Nr. 4):</u>

Name und Ort der Auslandsvertretung:

Geschäftszeichen der Auslandsvertretung: – sofern bekannt –

9. Vollmacht:

Es wurde eine Vollmacht erteilt. Sämtlicher Schriftwechsel soll über die bevollmächtigte Person geführt werden. **Bitte *ANLAGE VOLLMACHT* ausfüllen.**

Es wurde keine Vollmacht erteilt. Der Schriftwechsel soll geführt werden über

den 1. Sorgeberechtigten

oder

den 2. Sorgeberechtigten.

Ich beantrage die Feststellung der deutschen Staatsangehörigkeit (Staatsangehörigkeisausweis) und versichere, dass meine Angaben richtig und vollständig sind.

Ich habe davon Kenntnis genommen, dass

- falsche oder unvollständige Angaben zur Rücknahme des Staatsangehörigkeitsausweises führen können.
- ich Änderung meiner persönlichen Verhältnisse (Name, Anschrift, Familienstand, etc.) und sonstiger Antragsangaben sofort mitteilen muss.
- für die Feststellung der deutschen Staatsangehörigkeit (mit Ausstellung eines Staatsangehörigkeitsausweises), ihrer Ablehnung oder bei Rücknahme des Antrages eine Verwaltungsgebühr zu zahlen ist.

Anlagen:

Anlage Vollmacht

Anlage V (Vorfahren)

Weitere Anlagen

Die weiteren Anlagen ggf. unter „weitere Angaben“ oder auf einem gesonderten Blatt aufführen.

Ort, Datum Unterschrift in Vertretung 1. Sorgeberechtigter

Ort, Datum Unterschrift in Vertretung 2. Sorgeberechtigter

- **weitere Angaben –**

zu Nummer:

Ort, Datum Unterschrift in Vertretung 1. Sorgeberechtigter

Ort, Datum Unterschrift in Vertretung 2. Sorgeberechtigter

Stellungnahme der Auslandsvertretung

Alle in Kopie beigefügten Unterlagen haben der Auslandsvertretung vorgelegen:

Im Original

In beglaubigter Kopie

Als einfache Kopie

Die Echtheit der Personenstandsurkunden wird belegt/bestätigt:

Durch Haager Apostille

Durch Legalisation

Da von Echtheitsbestätigung befrei (CIEC-Abkommen Nr. 16. V. 08.09.1978 oder bilaterale Abkommen).

Die Echtheit der Personenstandsurkunden kann nicht belegt/bestätigt werden, da:

Die Haager Apostille fehlt.

Die Legalisationsvoraussetzungen im Land grundsätzlich nicht vorliegen.

Zweifel an der Echtheit/inhaltlichen Richtigkeit bestehen (ggf. ergänzen).

Anmerkungen:

____

Ort, Datum Unterschrift und Stempel

IX. ANTRAG FK5: Antrag auf Feststellung der deutschen Staatsangehörigkeit (Staatsangehörigkeitsausweis) – für Kinder bis 16 Jahre –:

1. Angaben zum Kind (Nr. 5) (Antragsteller/in) (Ergänzen oder erläutern Sie gegebenenfalls unter „weitere Angaben" oder auf einem gesonderten Blatt.):

Familienname:

Geburtsname - wenn abweichend vom Familiennamen:

Vorname/n - Bitte alle Vornamen angeben. -:

Geburtsdatum:

Geschlecht:

Weiblich

Männlich

Geburtsort/-kreis:

Geburtsstaat:

Aktuelle Anschrift:

Wohnsitzstaat:

1. Sorgeberechtigter (z. B. Mutter):

Name

Vorname/n

Aktuelle Anschrift: - falls abweichend von Antragsteller/in -

Telefonnummer: - bitte mit Auslandsvorwahl -

Email:

Das Sorgerecht ergibt sich aus:

2. Sorgeberechtigter (z. B. Vater):

Name

Vorname/n

Aktuelle Anschrift: - falls abweichend von Antragsteller/in -

Telefonnummer: - bitte mit Auslandsvorwahl -

Email:

Das Sorgerecht ergibt sich aus:

2. <u>Angaben zu den bisherigen Staatsangehörigkeitsverfahren / Ausweisen / Pässen des Kindes (Nr. 5) (Ergänzen oder erläutern Sie gegebenenfalls unter „weitere Angaben“ oder auf einem gesonderten Blatt.):</u>

Es wurde für das Kind bereits ein Staatsangehörigkeitsausweis / Heimatschein ausgestellt. - Bitte Kopie beifügen. -

Ausstellungsdatum:

Ausgestellt von Behörde:

Das Kind besitzt/besaß einen deutschen Ausweis. - Bitte Kopie beifügen. -

Gültig von – bis:

Ausgestellt von Behörde:

Art des Dokumentes:

Personalausweis

Pass

Sonstiges

Personalausweis

Pass

Sonstiges

3. Angaben zum Erwerb der deutschen Staatsangehörigkeit des Kindes (Nr. 5) (Ergänzen oder erläutern Sie gegebenenfalls unter „weitere Angaben“ oder auf einem gesonderten Blatt.):

Das Kind hat die deutsche Staatsangehörigkeit erworben durch:

Abstammung:

Von der Mutter

Vom Vater

Adoption:

Von der Mutter

Vom Vater

- **Bitte ANLAGE V (Vorfahren) ausfüllen. –**

Geburt in Deutschland als Kind ausländischer Eltern

Einbürgerung – Bitte Kopie beifügen. –

Erklärung – Bitte Kopie beifügen. –

Bescheinigung § 15 BVFG – Bitte Kopie beifügen. –

Sonstiges

4. <u>Angaben zu den anderen Staatsangehörigkeiten des Kindes (Nr. 5) (Ergänzen oder erläutern Sie gegebenenfalls unter „weitere Angaben“ oder auf einem gesonderten Blatt.):</u>

Das Kind besitzt nur die deutsche Staatsangehörigkeit.

Das Kind besitzt/besaß neben der deutschen Staatsangehörigkeit noch folgende weitere Staatsangehörigkeiten:

Staatsangehörigkeit:

Seit wann (bis zum):

Erworben durch:

5. Die Aufenthaltszeiten des Kindes (Nr. 5) seit Geburt (Ergänzen oder erläutern Sie gegebenenfalls unter „weitere Angaben“ oder auf einem gesonderten Blatt.):

Von:

Bis:

Ort:

Staat:

6. Angaben zu den Militärzeiten des Kindes (Nr. 5):

- nicht erforderlich -

7. <u>Angaben zu Staatsangehörigkeitsverfahren von anderen Familienangehörigen des Kindes (Nr. 5):</u>

Für folgende Familienangehörige wurde bereits ein Staatsangehörigkeitsauswei ausgestellt. – Bitte Kopie beifügen. –

Name:

Vorname:

Ausgestellt von Behörde:

Ausstellungsdatum:

8. <u>Angaben zur zuständigen deutschen Auslandsvertretung des Kindes (Nr. 5):</u>

Name und Ort der Auslandsvertretung:

Geschäftszeichen der Auslandsvertretung: – sofern bekannt –

9. Vollmacht:

Es wurde eine Vollmacht erteilt. Sämtlicher Schriftwechsel soll über die bevollmächtigte Person geführt werden. **Bitte *ANLAGE VOLLMACHT* ausfüllen.**

Es wurde keine Vollmacht erteilt. Der Schriftwechsel soll geführt werden über

den 1. Sorgeberechtigten

oder

den 2. Sorgeberechtigten.

Ich beantrage die Feststellung der deutschen Staatsangehörigkeit (Staatsangehörigkeisausweis) und versichere, dass meine Angaben richtig und vollständig sind.

Ich habe davon Kenntnis genommen, dass

- falsche oder unvollständige Angaben zur Rücknahme des Staatsangehörigkeitsausweises führen können.
- ich Änderung meiner persönlichen Verhältnisse (Name, Anschrift, Familienstand, etc.) und sonstiger Antragsangaben sofort mitteilen muss.
- für die Feststellung der deutschen Staatsangehörigkeit (mit Ausstellung eines Staatsangehörigkeitsausweises), ihrer Ablehnung oder bei Rücknahme des Antrages eine Verwaltungsgebühr zu zahlen ist.

Anlagen:

Anlage Vollmacht

Anlage V (Vorfahren)

Weitere Anlagen

Die weiteren Anlagen ggf. unter „weitere Angaben“ oder auf einem gesonderten Blatt aufführen.

Ort, Datum Unterschrift in Vertretung 1. Sorgeberechtigter

Ort, Datum Unterschrift in Vertretung 2. Sorgeberechtigter

- **weitere Angaben –**

zu Nummer:

Ort, Datum Unterschrift in Vertretung 1. Sorgeberechtigter

Ort, Datum Unterschrift in Vertretung 2. Sorgeberechtigter

Stellungnahme der Auslandsvertretung

Alle in Kopie beigefügten Unterlagen haben der Auslandsvertretung vorgelegen:

Im Original

In beglaubigter Kopie

Als einfache Kopie

Die Echtheit der Personenstandsurkunden wird belegt/bestätigt:

Durch Haager Apostille

Durch Legalisation

Da von Echtheitsbestätigung befrei (CIEC-Abkommen Nr. 16. V. 08.09.1978 oder bilaterale Abkommen).

Die Echtheit der Personenstandsurkunden kann nicht belegt/bestätigt werden, da:

Die Haager Apostille fehlt.

Die Legalisationsvoraussetzungen im Land grundsätzlich nicht vorliegen.

Zweifel an der Echtheit/inhaltlichen Richtigkeit bestehen (ggf. ergänzen).

Anmerkungen:

Ort, Datum Unterschrift und Stempel

Printed by Books on Demand GmbH, Norderstedt / Germany